CHAVES DA LIBERDADE

Editora Appris Ltda.
1.ª Edição - Copyright© 2023 do autor
Direitos de Edição Reservados à Editora Appris Ltda.

Nenhuma parte desta obra poderá ser utilizada indevidamente, sem estar de acordo com a Lei nº 9.610/98. Se incorreções forem encontradas, serão de exclusiva responsabilidade de seus organizadores. Foi realizado o Depósito Legal na Fundação Biblioteca Nacional, de acordo com as Leis nos 10.994, de 14/12/2004, e 12.192, de 14/01/2010.

Catalogação na Fonte
Elaborado por: Josefina A. S. Guedes
Bibliotecária CRB 9/870

K446c
2023
	Keys, Diogo
	   Chaves da liberdade / Diogo Keys. - 1. ed. - Curitiba : Appris, 2023.
	   91 p. ; 21 cm.
	
	   ISBN 978-65-250-3887-2
	
	   1. Poesia brasileira. 2. Liberdade. I. Título.
	
	                                                    CDD – 869.1

Editora e Livraria Appris Ltda.
Av. Manoel Ribas, 2265 – Mercês
Curitiba/PR – CEP: 80810-002
Tel. (41) 3156 - 4731
www.editoraappris.com.br

Printed in Brazil
Impresso no Brasil

Diogo Keys

CHAVES DA LIBERDADE

FICHA TÉCNICA

EDITORIAL
Augusto Vidal de Andrade Coelho
Sara C. de Andrade Coelho

COMITÊ EDITORIAL
Marli Caetano
Andréa Barbosa Gouveia (UFPR)
Jacques de Lima Ferreira (UP)
Marilda Aparecida Behrens (PUCPR)
Ana El Achkar (UNIVERSO/RJ)
Conrado Moreira Mendes (PUC-MG)
Eliete Correia dos Santos (UEPB)
Fabiano Santos (UERJ/IESP)
Francinete Fernandes de Sousa (UEPB)
Francisco Carlos Duarte (PUCPR)
Francisco de Assis (Fiam-Faam, SP, Brasil)
Juliana Reichert Assunção Tonelli (UEL)
Maria Aparecida Barbosa (USP)
Maria Helena Zamora (PUC-Rio)
Maria Margarida de Andrade (Umack)
Roque Ismael da Costa Güllich (UFFS)
Toni Reis (UFPR)
Valdomiro de Oliveira (UFPR)
Valério Brusamolin (IFPR)

SUPERVISOR DA PRODUÇÃO Renata Cristina Lopes Miccelli
REVISÃO Simone Ceré
PRODUÇÃO EDITORIAL Bruna Holmen
DIAGRAMAÇÃO Renata C. L. Miccelli
CAPA João Vitor Oliveira dos Anjos

APRESENTAÇÃO

Em suas mãos contém um livro curto, mas que em seu interior abrange um vasto prazer. Este livro é para todos, para os amantes de poemas e poesias, e até mesmo quem é leigo em literatura talvez possa se identificar lendo alguns dos poemas.

O livro está dividido em três capítulos, dos quais o primeiro nomeei "Cupido romântico", que traz a você poemas de romance. No começo o eu lírico está em busca de uma pessoa para poder deliberar todo amor que contém, até que a encontra. Porém, tudo tem seus altos e baixos e infelizmente, ao final do capítulo, uma pequena catástrofe acontece.

O segundo capítulo não abrange um tema em si. Em "Poemas de sofá" quis incluir temas diversificados que talvez possam fazer sentido ou até mesmo ter significado para algo no qual o leitor possa se identificar. Ao criar o segundo capítulo, não cogitei duas vezes em seu nome, pelo fato de a maioria dos poemas que se encontram aqui terem sido criados sentado no sofá.

Chegando ao terceiro capítulo, posso lhe dizer que "Melancolia poética" é o lado mais escuro do livro, onde se encontra certo estado depressivo e de crises. Podemos perceber que os poemas são mais longos e um pouco assustadores ao lê-los pela primeira vez; também podemos perceber que envolvem bastante sentimento. Entretanto, a dor é passageira, seja ela física ou emocional.

Você já se perguntou o que é um poeta?

Poeta é um ser estranho aos olhos do mundo, reconhecido somente se avaliado por outro poeta. Talvez digam que seja louco, lúdico, estranho. Com a escrita, ele mostra sentimentos simples que deixamos de observar na corrida contra o tempo; a partir dos olhos do poeta, analisamos o mundo de forma pura e poética.

    A missão de um poeta é senão, com sua análise, tentar mostrar a todos aquilo que passa despercebido aos olhos de quem não vê. Tirar o "cabresto" que nos autocolocamos e enxergar os mais belos aspectos que a vida nos proporciona, transcrever no papel momentos que fotografias não conseguem tirar, expor sentimentos que pessoas não conseguem descrever, são inúmeras as tarefas de um poeta, mas sua maior missão é mostrar a todos o lado poético do nosso mundo.

PREFÁCIO

Um jovem escritor que faz da escrita sua maneira de se expressar. Desde muito cedo vivencia momentos críticos na família desfeita pela separação dos pais, sente-se sozinho, não acredita se encaixar em lugar algum. Com todos esses sentimentos fortes, a pandemia assombra o mundo todo e traz com ela ainda mais tristeza e solidão.

Com uma caneta na mão, ele expõe seus sentimentos mais íntimos, que, para muitos, não eram percebidos. No último capítulo do livro, apresenta uma escrita sombria, mas que leva o leitor a se colocar no olhar do poeta.

O poeta se encanta e descobre o amor, com poemas românticos ele descreve seus sentimentos e a alegria de encontrar um refúgio em meio ao caos.

Um livro que carrega muita empatia e emoções.

Poemas para refletir e admirar!

Aline Paula Sanchez Macedo

SUMÁRIO

CUPIDO ROMÂNTICO 11

POEMAS DE SOFÁ 45

MELANCOLIA POÉTICA 75

CUPIDO ROMÂNTICO

EM BUSCA DO AMOR

Preciso desabafar, falar,
jogar conversa para o ar.
Quero te amar e te beijar,
Sentir o aroma doce
que você deixa ao passar.

A cada notificação
Meu coração dispara
Como um canhão,
Quando vejo que não é sua,
Minha alegria desaba ao chão.

Estou cansado da solidão,
Quero lhe encontrar para poder
Desfrutar da paixão.

A PROCURA DE VOCÊ

Um sorriso claro,
Cabelos da cor do pecado,
Olhos bonitos como
Diamante raro.

Seu aroma...
em meu quarto,
Nos meus pensamentos
Guardo seu retrato.

Jeito meigo,
Todo delicado,
Quero você
Sempre ao meu lado.

ELA

Quando estás perto
Meu coração dispara,
Quando estás longe
A saudade me abraça.

Não lhe conheço muito,
Mas do pouco que sei
Sou apaixonado.

Seu sorriso me conforta,
Seu jeito meigo me alucina,
E seu perfume me entorpece.

Alucinado por amor,
Mas com receio do pudor.

AMOR DE POETA

Sol é uma estrela
Que ilumina nosso planeta,
Tu não és sol,
Porém, ilumina-me com seu amor.

Peixe vem do mar,
Eu sem você
Não sei o sentido de amar.

Astronauta vai para o espaço,
Eu viajo quando ela
Está ao meu lado.

Café é amargo,
Doce é seu beijo
Que não sai do
Meu pensamento.

VIRTUDES

Seu beijo me alucina,
Como uma droga ilícita
seu perfume me vicia.

Abraço quente,
Sorriso lindo
De mostrar os dentes.

Cabelos da cor do pecado
Deixou-me apaixonado,
Coração acelerado
Quando estás ao meu lado.

NOITE SEM SONHOS

Não consigo dormir,
Não é pesadelo,
Apenas ela que não sai
Dos meus pensamentos.

Aspecto belo,
Fez-me de bobo
Só de olhar.

À deriva estou
No mar da paixão
Com você em meu coração.

ME PERCO EM VOCÊ

Seus sinais me confundem
De um jeito incógnita,
Me perder em você
É um caminho sem volta.

MEU RISO

Meu riso é mais feliz contigo
Seu abraço meu abrigo
Minha sina é para sempre
ter você comigo.

MENINA

Ela
Linda e bela,
Caminhando leve
Desfila descalço nas vielas.
Não contém asas, és anjo sem elas.

CORPO DE MAR

Em seu corpo me perco,
Me entorpeço e me enlouqueço.
Sou apenas um pequeno
Barco em seu vasto mar.

DIOGO KEYS

Viver e ir
Ao encontro
Da paixão

NÃO

Não usa salto,
Não usa vestidos longos,
Nem mesmo coroa,
Não veio da Disney
Mas, sim, é uma princesa.

FAST

É proibido andar
Em alta velocidade,
Entretanto vou correr
Para chegar o mais rápido
No calor de seus braços.

AMAR

Palavras apertadas
Pensamentos à mercê,
Digamos que estou
Apaixonado por você.

ASPECTOS

Em seu sorriso
Vejo o paraíso,
No seu rosto
Brilho singelo.

SOBRE ELA

Me pergunto se o sol não tem inveja, inveja de sua clareza, beleza e também pureza. O vasto deve ficar incrédulo, incredulidade de sua grandeza de pessoa autêntica. Anjo sem asas, em seu riso contém um brilho capaz de travar batalhas. Valiosa como ouro, tem seus males, mas seus prós são tantos que não cabe nos sete mares.

POESIA DE ALMA

Vivaldi compôs as quatros estações, tu criaste em mim mares de emoções.

Entre pensamentos e sentimentos, pincéis e tintas, Van Gogh e Dalí criaram artes do período impressionista. Devo me desculpar, suas obras são as mais bonitas na minha opinião, mas nada se compara a obra de arte do seu sorriso. Ele não faz parte do impressionismo, mas impressionado fiquei eu quando o fitei à primeira vista.

A cada poema que faço é difícil não citar você. Em um mundo de poesia, admirei aquela que não tem versos, trechos, letras e que não dá para ler. Grande és tu, poesia que tem alma e coração.

JEITINHO

Seu jeitinho meigo fez me perder
em um mar de emoção,
Sua voz soou em meus ouvidos
como uma linda canção.

Sensações que vêm e que vão
Apenas você trouxe-me o sentimento
De amor para o coração.

MOMENTÂNEO AMOR

Escrita melancólica transformou-se amorosa. Fez-me esquecer daquele sofrimento que aparentava ser infinito, fez-me amadurecer, descobrir o sentido do amor.

Sei que infelizmente um dia isso vai ser passado, será a melhor lembrança do meu passado. Um verdadeiro amor, o meu primeiro amor. Onde juntos criamos lembranças, afeto, carinho, memórias e tudo de bom.

Logo vamos crescer como pessoas, nossos caminhos não serão os mesmos, mas no momento quero esquecer do futuro e focar no agora, pois quem vive o futuro não aproveita o presente. Quero lhe dar cem por cento do meu amor, aproveitar cada segundo ao seu lado como se fosse o último.

Com você, sonho de olhos abertos...

CHORO CONSOLADO

Saber que em seu colo
Posso chorar quantidades de mar,
Depois do choro vem o consolo,
Com poucas palavras todos meus
Males são jogados para os ares.

MOMENTOS

O que passamos
O tempo levou,
Em minha cabeça
Nossa História ficou.
Mesmo que o tempo passe
Foi bom ter contigo
Um amor de verdade,
Ter sentido...
Um amor de verdade,
Saber que o carinho
Recíproco era verdade.

SAUDADES

Não ter seu riso
Nem mesmo seu doce tato,
Ao lado do sofá só tem o vazio.

Um frio na barriga me dá,
É difícil lidar com o silêncio
Que você deixou neste lugar.

O sabor do café
Está amargo de saudade,
Minha sanidade é lhe amar de verdade.

ABRAÇO

Queria lhe dar um abraço
Mas abraço não posso dar,
Quem me dera abraçar
Meu par que está em outro lugar,
Sou abraçado pela saudade
Consolado com sua foto
Em meu celular.

ABRAÇO SEM VOLTA

Mesmo tu estando longe
Consigo te ver em todo lugar,
Difícil saber que aquele abraço
Jamais encontrarei em outros lugares.

SÓ

Do primeiro ao melhor,
Toda nossa história sei de cor.
Posso estar arrodeado de pessoas,
Porém sem você me sinto só.

AMOR PASSADO

Tanto tempo,
Tempo que passamos
Já faz tempo que passou.
Antes, eu te amo
Depois nenhum diálogo
Nos restou.

REI SEM REINO

Em seus braços
Me senti rei
Sem eles chorei.

O para sempre é só
Por um momento

CORAÇÃO FRAGMENTADO

Restastes só lembranças,
Nas noites de insônia
És tu o meu sonho verdadeiro.

ALGUÉM

Difícil gostar de alguém
Mas este alguém não gostar
De si mesmo.

ELA SE FOI

O amor é assim
Tem seus altos e baixos,
Você me mostrou
experiências de amor,
Momentos passados
Que se foram pelo ralo.

Provas de amor
Que não são mais reais,
Todos os fatos que me
Contou não foram reais.

Ao seu lado
estive no céu,
Hoje estou em um
poço sem fim.

Foi bom, foi sim,
Enquanto durou.
Não, não me ligue mais
Já estou farto de chorar por amor,
Deixe-me quieto para me recuperar da dor.

ILUSÃO

Bela voz soou em meus ouvidos
como uma linda canção,
Sensações que vem e que vão
Apenas tu trouxeste sentimento
De amor para o meu coração.

No momento
Tenho medo de todos
Esses sentimentos.

Não estou em tempo
De me apaixonar,
Medo de me magoar.

Você pode ser perfeita
Mas o amor acho que não,
Tudo isso não passa
De uma grande ilusão.

POEMAS DE SOFÁ

SER

Êxito de viver,
Porém estou farto,
Exausto.

Dentro de mim habita
Um ser com sede de crescer,
Porém em seu exterior contém o cansaço,
São muitos pensamentos à mercê.

PESO

Carregas-te um fardo de toneladas,
Quando soltá-lo veras o quão
Leve tu és.

RENASCER

Derramei lágrimas o suficiente,
Criei nascentes de rios em meu rosto.

Deixei para trás minha história,
Vou descobrir quem sou agora.

Não muito ofuscado nem tão brilhoso,
Caminho em um mar de risco com
Sorriso no rosto.

LÁGRIMAS

O banheiro virou templo,
Lá, choras por causa de
Maus argumentos.

APOIO

Um vaso quebrado
Se conserta com cola,
Um coração quebrado
Pode ser consertado
Com um simples abraço.

CASA

Cada casa
É um caso,
Sem casa não sei
Aonde me encaixo.

De casa em casa
Pouso, moro,
Mas não me acomodo.

Não sou ingrato
Só não sei onde
É minha casa.

DIOGO KEYS

Queria ter os olhos de criança
Inocência e tempo de ninar

ELUCIDAR

Vou elucidar
todo meu amor.

Arte é paixão,
Escrita inspiração,
Música tem relação
com a intuição.

Com caneta e papel
Escrevo tudo aquilo
Que não cabe no céu.

NOTAS SENTIMENTAIS

Avistei o Mi,
Vi que estava com Dó,
Falei para o Sol
Mas ele deu Ré.
Lá percebi que Mi era maior
E disse para Si que sua Dó fica menor.

O TEMPO

O tempo é mãe
O tempo é pai
O tempo é rei
O tempo nos lapida e nos ensina
Nos mágoa, mas também nos mima.

VIAJANTE

Só vou ganhar o mundo
Quando eu perder tudo,
Vou sentir a felicidade
Nas menores conquistas peculiares.

Vou estar grato por ter
Saúde e felicidade,
Ter a liberdade de viajar
Conhecendo novas cidades.

Gastando pouco
Só para suprir minhas
Necessidades.

TIMES OF WAR

No war
Just love
We hope for peace.

PROCRASTINAR

Queria aprender
Uma técnica para saber como
Procrastinar a procrastinação,
Com ela consigo fazer
até uma canção.
Mas não consigo
terminar a minha
Simples obrigação.

RATOS CIVILIZADOS

Somos ratos,
Ratos do capitalismo
Treinados para fazer
Apenas dois caminhos,
De casa para o trabalho
Do trabalho para casa.

CURITIBA

Cidade bela,
Com paisagens que
São apenas dela.

Ruas limpas
De se impressionar,
Claro que o mérito
Também é de quem
Cuida do seu lar.

No frio
Nos congela,
No calor
Nos alegra.

Seus habitantes
Não são de se enturmar,
Mas todos conhecem
O significado de amar.

VIVER

Vou deixar o
Vento me levar,
Seja lá aonde vou estar
Um sorriso em meu rosto
Vai esplandecer.

Vou ver o sol nascer,
A lua adormecer
E as luzes da cidade acender.

Quero sentir
A brisa do vento me bater,
Em uma concha vou ouvir
As ondas do mar se quebrar.

Admirar todas as
Paisagens deste mundo,
Para o dia do meu falecer
Poder levar todas as lembranças
Que guardei com amor
Em meu coração.

ENTARDECER

O sol se põe,
E minha alma se acalma.
Sinto a brisa do vento
Bater em meu rosto.

Ouço o cantar dos pássaros
Que soam como música no espaço,
Com a brisa refrescante,
Refresco minha mente pensante.

Sentado em um tronco
Me descanso de um dia longo,
Fitando a paisagem do parque,
Espero ao entardecer para ver
Uma nova lua nascer.

PAPEL RABISCADO

Escrevo por amor,
Rabisco em um papel
Tudo aquilo que não
Está escrito no céu.

Azul me lembra o mar,
Vermelho a paixão,
Preto o tinteiro que escreve
As palavras que saem do meu coração.

ESCRAVO DO COTIDIANO

Todos os dias iguais,
Trilhando os mesmos caminhos
Seja com revolta ou paz.

Fitando rostos iguais,
Alguns mostrando o
Cansaço em seus olhares,
Outros expressando alegria
Com suas emoções similares.

Presos estamos
Em um loop constante,
Procuramos a saída dessa
Rotina delirante.

MIGUEL

Como é bom
presenciar seu crescimento,
Olhar para seu rosto e ver
Um sorriso brilhoso.
Receber seu amor caloroso
E saber que um dia
Se tornara um grande moço.

POETA

Sua arma
Uma caneta
Seu campo de batalha
É um papel cheio de letras.

SER POETA

Poeta calado
Fala muito
Sem mexer seus lábios.

COM A TINTA NO PAPEL

Com a boca falo pouco,
Com uma caneta falo muito.
Não sou de viajar
Mas com minha imaginação
Vou para qualquer lugar.

Amigos tenho poucos,
Porém, é só questão de imaginar.
Escrevendo consigo me libertar,
Produzindo textos e poemas
No céu me sinto estar.

Com a tinta no papel
Um prazer aparenta me predominar.
Não sou apaixonado
Mas com a literatura quero me casar.

MULHER

Guerreiras fortes
De grande coração,
Sem mulheres
Não seríamos nada
Neste vasto mundão.

VOCÊ

Você até pode se esconder dos outros
Mas nunca vai conseguir se esconder
De si próprio.

INSPIRAÇÃO

Não tenho mais aquele olhar de criança
Que só pensa em brincar.

Com o passar do tempo
Estou amadurecendo,
Me influenciando em você
Estou adquirindo conhecimento.

Quero lhe mostrar o homem
que estou prestes a me tornar,
Garanto a você que orgulho vou te dar.

ENCONTRANDO-SE

Terá um dia
Que nesse dia
Vou ver aquilo que me tornei,
O dia que me encontrarei.

TRABALHADOR

Do dia ardente,
Sol escaldante,
Sempre no batente.
Faça sol, faça chuva,
Bom humor, mau humor
Sempre, um bom trabalhador.

CÉU AZUL

Hoje eu lhe encontrei assim, nem muito claro, não muito escuro, ofuscado, eu diria. Ao decorrer do dia, você foi ficando cada vez mais gelado, não entendo se talvez tenhas ficado triste, magoado, apenas chateado. Realmente não sei. Há dois dias atrás estava belo, sua beleza resplandecia, era lindo de se ver. Já agora que algo o afligiu, tudo mudou. Até mesmo a cor das flores não são mais as mesmas sem seu brilho. Seja lá onde se encontra, estarei aqui à espera de ti.

MELANCOLIA POÉTICA

INIMIGO PESSOAL

Meu maior inimigo
É meu pensamento,
Quando penso de mais
Sofro a mais.

UM ESTRANHO CONHECIDO

Eu não me compreendo
Nem me entendo,
Vivo em um delírio constante.

Tento fugir, mas
Ele sempre está lá,
Fujo de algo que me
assombra e me assusta.

Quando acho
Que estou longe,
Me deparo com ele perto.

Não sei se estou
Certo ou incerto,
Fujo do meu próprio pensar.

DESGASTE

A cada ano que se passa
Eu não me compreendo,
Não consigo entender
O que eu sinto por dentro.

Tem dias que quero me matar,
Mas penso o que a de me esperar
No futuro próximo.

Me sinto esquecido
Como um brinquedo velho
No fundo do baú,
Mas o lugar aonde me
Encontro é no fundo do poço.

Sou muito quieto
Mas por dentro falo bastante,
Me faço de forte,
Só que não existo mais.

SOLIDÃO

Depois de anos de um casal divorciado,
filhos foram deixados de lado.
Sem ganho de amor,
o ser humano fica amargurado.
Irmãos separados e com pouco contato,
Um já estava se transformando em homem barbado,
Já o outro, coitado!
Tão jovem que nunca cometeu um pecado.
Há anos sem ganhar amor nem um simples abraço com calor,
Seu sorriso foi perdendo o brilho e seu coração a cor.
Colocando um sorriso falso em seu rosto,
ele tenta disfarçar sua dor.
Solitário como um cão de rua,
rodeado de pessoas, mas sempre sozinho.
Seu único amigo se chama solidão,
um bom companheiro que nunca lhe deixou na mão.
Cansado de sua podridão
ele aguarda a sua chegada para o caixão
Sabendo que esse dia possa demorar,
ele deixa a vida o levar.
Sua única paixão é olhar para o sorriso de seu irmão,
uma parte que lhe restou de uma família que não contém mais a união.

TRISTEZA

Contém cicatrizes,
Não são físicas
Mas carregam grande dor.

Penso que me distanciei
Porém ela não se distancia,
Vem devagar, aparenta me dominar.

É ela quem me abraça
Nos dias cinza, sem luar.

DEMÔNIO PESSOAL

Tem dias que sou fútil
Tem dias que sou gênio,
Deparo-me com um
Demônio em frente do espelho.

A tristeza que eu clamo
É a mesma que me cala,
Entorpecente que me mata
É o mesmo que me acalma.

Me sinto só
Sozinho estarei,
Me escondi demais
E voltei muito inseguro.

No fundo do poço
Deprimência deu-me
Um beijo no rosto,
Pude sentir o caminhar gélido
Da morte se aproximar.

Não que eu ligue,
Mas não quero ser em vão,
Vou deixar na escrita
Meu propósito de vida
Antes que eu esteja
Dentro de um caixão.

CÃO DE RUA

Às vezes me sinto
Como um cachorro perdido.
Várias pessoas ao meu redor,
No entanto, sempre sozinho.

CHUVA

A chuva cai lá fora,
Meu ânimo desaba aqui dentro.
Escrevendo amenizo a dor
Que sinto no meu interior,
Fugindo de todo o mal
Que alucina meus pensamentos.

CHORÃO

Pareço um bebê chorão,
Mas a única diferença é
Que não choro em vão.
Choro porque
Não suporto mais
Este aperto em meu coração.

ESTOU...

Estou bem,
Acho que estou.

Não sei explicar como
Mas sei como esconder dos outros,
Mesmo se conseguisse explicar
Não iria me esvaziar.

Pensamentos longe
Do meu estar,
A felicidade não
consigo encontrar.

Milhares de pessoas ao
Meu redor, mas sempre
Que me deito me sinto só.
Quero fechar os olhos
E só acordar de terno ou paletó.

UM SENTIMENTO INEXPLICÁVEL

Em tempos de crise,
O que me resta é chorar.

Vem de longe
Uma escuridão que
Aparenta me dominar.

Sem ter para onde correr,
Ou alguém para contar,
A dor me abraça quente
Como o calor de uma brasa fervente.

Este sentimento
É como um traidor,
Usa e me abusa
Depois o que me resta é pudor.

PENSAMENTO

Não tente me ameaçar,
Pois a minha maior ameaça
sou eu mesmo.

Tentaram me matar,
Seria um privilégio
Me executar.

Minha cabeça está
Ficando muito louca,
Tenho que parar de pensar.

Meus pensamentos
Me levam para vários lugares,
Mas sempre paro no mesmo lugar,
Um cemitério gélido com
A luz do luar.

VIDA PASSADA

Dias sombrios,
nem um sinal da felicidade,
pensamento está na positividade.
Tudo me divide,
Mas nada me faz sair da solidão,
Uma vida composta de
Transtornos e turbulências,
Em meio ao caos e tristeza.
Tão pouco experimentou
um leve gosto da infância,
Tão pouco soube ou teve
um amor familiar,
mas nem muito
sentiu-se um amor materno,
e o amor paterno?
Bom acho melhor nem comentar.
Dizem que onde ele passa,
traz felicidade.
Mas por que o maior peso
que carrega é da infelicidade?
E aonde está a felicidade?
Talvez esteja tão longe de sua realidade,
Por que ele tem que sofrer tanto
Para poder desfrutar da hilaridade?
Ele tenta se esconder atrás de máscaras
Para poder viver em uma tal realidade,

Máscaras que contêm tais personalidades
Que não deixam mostrar sua real dificuldade.
Mesmo em uma vida com serenidade,
ele pensa bastante na possibilidade
Da positividade aparecer para acender as
Chamas de sua futura realidade,
Composta com muita felicidade.

*A dor é passageira
Seja ela física ou emocional.*

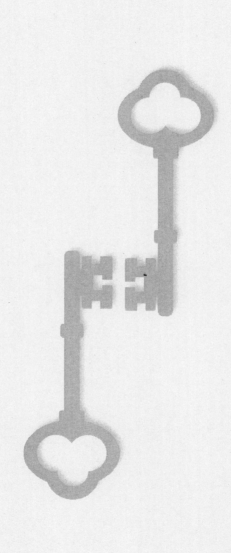